세계시민
Global Citizen

KB214274

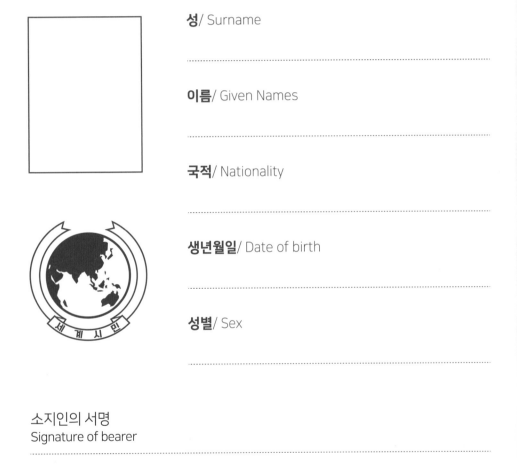

성/ Surname

이름/ Given Names

국적/ Nationality

생년월일/ Date of birth

성별/ Sex

소지인의 서명
Signature of bearer

We Are Global Citizens!

2021년 10월 31일 1판 1쇄 발행

기획·편집 (주)아시안허브 출판사업부
발행인 최진희 **펴낸곳** (주)아시안허브 **출판등록** 제2014-3호(2014년 1월 13일)
주소 서울특별시 관악구 신림로19길 46-8 **전화** 070-8676-4003 **팩스** 070-7500-3350
홈페이지 http://asianhub.kr

값 6,000원 ISBN 979-11-6620-119-6 (03700)

목 차

아리의 여행노트
세계지도

아이슬란드
ICELAND

러시아
RUSSIA

오호츠크해

핀란드

스웨덴
SWEDEN

노르웨이
NORWAY

아일랜드
IRELAND

영국
UNITED
KINGDOM

네덜란드
벨기에
독일
GERMANY

폴란드
POLAND

벨라루스
BELARUS

우크라이나
UKRAINE

카자흐스탄
KAZAKHSTAN

몽골
MONGOLIA

동해

대한민국

일본
JAPAN

프랑스
FRANCE

이탈리아

루마니아
ROMANIA

불가리아
BULGARIA

흑해

조지아
GEORGIA

아제르바이잔

우즈베키스탄
UZBEKISTAN

중국
CHINA

포르투갈

스페인
SPAIN

지중해

그리스

터키
TURKEY

투르크메니스탄
TURKMENISTAN

모로코
MOROCCO

시리아

이라크
IRAQ

이란
IRAN

아프가니스탄
AFGHANISTAN

파키스탄
PAKISTAN

네팔

부탄

방글라데시

미얀마

라오스

알제리
ALGERIA

리비아
LIBYA

이집트
EGYPT

요르단

사우디아라비아
SAUDI
ARABIA

오만
OMAN

인도
INDIA

태국
THAILAND

괌
GUAM

모리타니
MAURITANIA

말리
MALI

니제르
NIGER

차드
CHAD

수단
SUDAN

예멘

아라비아해

캄보디아

베트남
VIETNAM

필리핀
PHILIPPINES

THE GAMBIA

나이지리아
NIGERIA

중앙아프리카
공화국

에티오피아
ETHIOPIA

스리랑카

말레이시아
MALAYSIA

카메룬

BIOKO

소말리아
SOMALIA

가봉

콩고

콩고민주공화국
DEMOCRATIC
REPUBLIC
OF THE CONGO

우간다
UGANDA

케냐
KENYA

인도네시아
INDONESIA

SAO TOME

탄자니아
TANZANIA

앙골라
ANGOLA

잠비아
ZAMBIA

모잠비크
MOZAMBIQUE

인도양

티모르해

나미비아

짐바브웨
ZIMBABWE

마다가스카르
MADAGASCAR

오스트레일리아
AUSTRALIA

보츠와나
BOTSWANA

남아프리카공화국
SOUTH AFRICA

북극해

태평양

대서양

그린란드
GREENLAND

백핀만

미국(알래스카)
UNITED STATES
OF AMERICA

알래스카만

캐나다
CANADA

허드슨만

미국
UNITED STATES
OF AMERICA

HOLLYWOOD

멕시코만

멕시코
MEXICO

솔로몬
아일랜드
ISLANDS

바누아투
VANUATU

FIJI

뉴 칼레도니아
NEW CALEDONIA

카리브해

베네수엘라
VENEZUELA GUYANA

콜롬비아
COLOMBIA

ECUADOR

브라질
BRASIL

페루
PERU

볼리비아
BOLIVIA

파라과이
PARAGUAY

칠레
CHILE

아르헨티나
ARGENTINA

우루과이
URUGUAY

질랜드
ZELAND

FALKLAND ISLANDS

SOUTH GEORGIA

남극해

러시아

우즈베키스탄

몽골

중국

대한민국   일본

방글라데시

미얀마

라오스

캄보디아   베트남

필리핀

태국

인도네시아

14개국
아리소개

대한민국

일본

라오스

베트남

캄보디아

아리는 '사랑하는 님'이라는
순수 우리말입니다.
세계의 아리들이
한국사회에서 사랑하고
사랑받으며 살자는 의미에서
아시안허브가 제작한
다문화 캐릭터입니다.

여행준비물
체크리스트

호텔명 ....

호텔 연락처 ....

호텔 주소 ....

☐ 여권/사본   ☐ 세면도구   ☐ 선크림
☐ 이티켓   ☐ 속옷   ☐ 수건
☐ 바우처   ☐ 여벌옷   ☐ 지퍼백
☐ 카드   ☐ 충전기   ☐ 자물쇠
☐ 환전   ☐ 카메라   ☐ 동전지갑
☐ 신분증   ☐ 삼각대   ☐ 110V 어댑터
☐ 여행일정표   ☐ 화장품

그럼, 나만의 여행가방을 싸 볼까요?
가져가고 싶은 준비물을 가방 안에 그려 넣어보세요!

나의
여행 스타일 알아보기

계획 ❶ 모두 다 계획 ☐　❷ 무계획 ☐　❸ 큰그림만 ☐

경비 ❶ 모든 것이 반반 ☐　❷ 각자 계산 ☐　❸ 후청구 ☐

항공사 ❶ 노상관 ☐　❷ 최저가 ☐　❸ 국적기 ☐　❹ 경유 ☐

숙소 ❶ 청결 ☐　❷ 프라이빗 ☐　❸ 침대유무 ☐　❹ 수압 ☐

숙소2 ❶ 리조트 ☐　❷ 호텔 ☐　❸ 호스텔 ☐　❹ 민박 ☐

교통편 ❶ 렌트선호 ☐　❷ 뚜벅이선호 ☐

사이클 ❶ 늦게 잠, 늦게 일어남 ☐　❷ 일찍 잠, 일찍 일어남 ☐
　　　　❸ 느긋함 선호 ☐　　　　❹ 빡셈을 선호 ☐

그렇다면 여러분은 어떤 유형의 여행객일까요?

인증형
남는 건
사진 뿐!

맛집탐방형
그 지역의
맛집은
내가 접수!

❶ ❷

❸ ❹

여기까지
왔는데!
관광형

여행은
그저 쉬는게
제일!
휴식형

러시아어

01	안녕하세요.	Здравствуйте!
02	만나서 반갑습니다.	Приятно познакомиться.
03	나는 _____입니다.	Меня зовут _____ .
04	나는 한국인입니다.	Я кореец (кореянка).
05	이곳에 여행 왔어요.	Я приехал(-а) путешествовать.
06	다음에 또 만나요.	До встречи!
07	실례합니다.	Простите.
08	부탁합니다.	Пожалуйста _____ .
09	고맙습니다.	Спасибо!
10	천만에요.	Пожалуйста.
11	미안합니다.	Извините.
12	괜찮습니다.	Ничего.
13	네. / 아니요.	Да / Нет
14	좋습니다. / 싫어요.	Нравится / Не нравится
15	얼마인가요?	Сколько стоит?

16	추천해주세요.	Пожалуйста, порекомендуйте.
17	이거 주세요. 두 개 주세요. (숫자) 1, 2, 3, 4, 5, 6, 7, 8, 9,10	Пожалуйста, дайте две штуки. (Число) один, два, три, четыре, пять, шесть, семь, восемь, девять, десять
18	다른 색상 있나요? (색상) 흰색, 검정색, 빨간색, 노란색, 파란색, 초록색, 핑크색, 보라색	Есть другие цвета? (цвет) белый, черный,красный, желтый, синий, зеленый, розовый,фиолетовый
19	너무 비싸요.	Очень дорого.
20	좀 깎아주세요.	Дайте дешевле.
21	도와주세요.	Помогите.
22	배고파요.	Голоден(-а)
23	배불러요.	Сыт(-а)
24	추워요.	Холодно.
25	더워요.	Жарко.
26	정말 맛있어요.	Очень вкусно.
27	화장실이 어디예요?	Где находится туалет?
28	택시를 부르고 싶어요.	Хочу вызвать такси.
29	이 근처에 환전소가 있나요?	Здесь есть обменный пункт?
30	사진을 찍어줄 수 있나요?	Можете сделать снимок?

베트남어

01	안녕하세요.		Xin chào.
02	만나서 반갑습니다.		Rất vui được gặp.
03	나는 _____입니다.		Tôi là _____ .
04	나는 한국인입니다.		Tôi là người Hàn Quốc.
05	이곳에 여행 왔어요.		Tôi đã đến đây du lịch.
06	다음에 또 만나요.		Hẹn gặp lại lần sau.
07	실례합니다.		Xin lỗi.
08	부탁합니다.		Làm ơn.
09	고맙습니다.		Xin cảm ơn.
10	천만에요.		Không có gì.
11	미안합니다.		Xin lỗi.
12	괜찮습니다.		Không sao.
13	네. / 아니요.		Vâng. / Không.
14	좋습니다. / 싫어요.		Thích. / Không thích.
15	얼마인가요?		Bao nhiêu tiền?

16	추천해주세요.	Hãy giới thiệu cho tôi.
17	이거 주세요. 두 개 주세요. (숫자) 1, 2, 3, 4, 5, 6, 7, 8, 9,10	Hãy giới thiệu cho tôi. Cho tôi hai cái. một, hai, ba, bốn, năm, sáu, bảy, tám, chín, mười.
18	다른 색상 있나요? (색상) 흰색, 검정색, 빨간색, 노란색, 파란색, 초록색, 핑크색, 보라색	Có màu khác không? (Màu sắc) màu trắng, màu đen, màu đỏ, màu vàng, màu xanh, màu xanh lá, màu hồng, màu tím
19	너무 비싸요.	Đắt quá.
20	좀 깎아주세요.	Giảm giá cho tôi.
21	도와주세요.	Giúp tôi.
22	배고파요.	Giúp tôi.
23	배불러요.	No bụng.
24	추워요.	Lạnh.
25	더워요.	Nóng.
26	정말 맛있어요.	Thật sự rất ngon.
27	화장실이 어디예요?	Nhà vệ sinh ở đâu.
28	택시를 부르고 싶어요.	Tôi muốn gọi tắc xi.
29	이 근처에 환전소가 있나요?	Gần đây có quầy đổi tiền không?
30	사진을 찍어줄 수 있나요?	Có thể chụp ảnh giùm tôi không?

영 어

01	안녕하세요.	Hello.
02	만나서 반갑습니다.	Nice to meet you.
03	나는 _____입니다.	I'm _____ .
04	나는 한국인입니다.	I'm Korean.
05	이곳에 여행 왔어요.	I came here for a trip.
06	다음에 또 만나요.	See you next time.
07	실례합니다.	Excuse me.
08	부탁합니다.	Please.
09	고맙습니다.	Thank you.
10	천만에요.	You're welcome.
11	미안합니다.	I'm sorry.
12	괜찮습니다.	It's okay.
13	네. / 아니요.	Yes / No
14	좋습니다. / 싫어요.	Good / I don't want to.
15	얼마인가요?	How much is it?

16	추천해주세요.	Please recommend.
17	이거 주세요. 두 개 주세요. (숫자) 1, 2, 3, 4, 5, 6, 7, 8, 9,10	Please give me this. Please give me two. (Number) one, two, three, four, five, six, seven, eight, nine, ten
18	다른 색상 있나요? (색상) 흰색, 검정색, 빨간색, 노란색, 파란색, 초록색, 핑크색, 보라색	Do you have another color? (colors) white, black, red, yellow, blue, green, pink, purple.
19	너무 비싸요.	Too expenssive.
20	좀 깎아주세요.	Please give me a discount.
21	도와주세요.	Please help.
22	배고파요.	I'm hungry.
23	배불러요.	I'm hungry.
24	추워요.	It's cold.
25	더워요.	It's hot.
26	정말 맛있어요.	It's really delicious.
27	화장실이 어디예요?	Where's the bathroom?
28	택시를 부르고 싶어요.	I want to call a taxi.
29	이 근처에 환전소가 있나요?	Is there a currency exchange nearby?
30	사진을 찍어줄 수 있나요?	Can you take a picture?

일본어

01	안녕하세요.	おはようございます。こんにちは。こんばんは。
02	만나서 반갑습니다.	お会いできて 嬉しいです。
03	나는 _____입니다.	私は _____ です。
04	나는 한국인입니다.	私は 韓国人です。
05	이곳에 여행 왔어요.	ここに, 旅行に来ました。
06	다음에 또 만나요.	また 会いましょう。
07	실례합니다.	すみません。失礼します。
08	부탁합니다.	お願いします。
09	고맙습니다.	ありがとうございます。
10	천만에요.	どういたしまして。
11	미안합니다.	ごめんなさい。
12	괜찮습니다.	大丈夫です。
13	네. / 아니요.	はい。 / いいえ。
14	좋습니다. / 싫어요.	いいです。 / いやです。
15	얼마인가요?	いくらですか?

16	추천해주세요.	―おすすめは、何ですか?
17	이거 주세요. 두 개 주세요. (숫자) 1, 2, 3, 4, 5, 6, 7, 8, 9,10	これ ください。 二つ ください。 (数字)いち、に、さん、よん、ご、ろく、なな、 　　　　はち、きゅう、じゅう
18	다른 색상 있나요? (색상) 흰색, 검정색, 빨간색, 　　　　노란색, 파란색, 초록색, 　　　　핑크색, 보라색	他の色は, ありますか? (色)白、黒、赤、黄色、青、緑、ピンク、紫
19	너무 비싸요.	とても 高いです。
20	좀 깎아주세요.	ちょっと まけてください。
21	도와주세요.	助けてください。
22	배고파요.	お腹が、すいています。
23	배불러요.	お腹が、いっぱいです。
24	추워요.	寒いです。
25	더워요.	暑いです。
26	정말 맛있어요.	本当に おいしいです。
27	화장실이 어디예요?	トイレは, どこですか?
28	택시를 부르고 싶어요.	タクシーを 呼びたいです。
29	이 근처에 환전소가 있나요?	この近くに, 両替所は ありますか?
30	사진을 찍어줄 수 있나요?	写真 撮ってもらえますか?

중국어

01	안녕하세요.	你好! / 您好!
02	만나서 반갑습니다.	见到您很高兴!
03	나는 _____입니다.	我叫 _____ 。
04	나는 한국인입니다.	我是韩国人。
05	이곳에 여행 왔어요.	我来这个地方旅游。
06	다음에 또 만나요.	后会有期。 / 下次再见。
07	실례합니다.	打扰了。
08	부탁합니다.	请多多关照。
09	고맙습니다.	谢谢。
10	천만에요.	不客气。
11	미안합니다.	对不起。
12	괜찮습니다.	没关系。
13	네. / 아니요.	是。 / 不是。
14	좋습니다. / 싫어요.	好。 / 不要。
15	얼마인가요?	多少钱?

16	추천해주세요.	请推荐一下。
17	이거 주세요. 두 개 주세요. (숫자) 1, 2, 3, 4, 5, 6, 7, 8, 9,10	请给我这个, 请给我(两个)。 (数字) 一。二。三。四。五。六。七。八。九。十。
18	다른 색상 있나요? (색상) 흰색, 검정색, 빨간색, 　　　노란색, 파란색, 초록색, 　　　핑크색, 보라색	还有其它颜色吗? (颜色)白色, 黑色, 红色, 黄色, 蓝色, 绿色, 　　　粉红色(粉色), 紫色
19	너무 비싸요.	太贵了。
20	좀 깎아주세요.	便宜点儿吧。
21	도와주세요.	请帮我一下吧。
22	배고파요.	我饿了。
23	배불러요.	我饱了。
24	추워요.	很冷。
25	더워요.	很热。
26	정말 맛있어요.	太好吃了。
27	화장실이 어디예요?	厕所在哪里?
28	택시를 부르고 싶어요.	我想叫出租车。
29	이 근처에 환전소가 있나요?	这附近有换钱所吗?
30	사진을 찍어줄 수 있나요?	可以请您帮我照一张相吗?

태국어

		여자	남자
00	대답하는말(예, ...요)	ค่ะ	ครับ
01	안녕하세요.	สวัสดีค่ะ	สวัสดีครับ
02	만나서 반갑습니다.	ยินดีที่ได้พบกันค่ะ	ยินดีที่ได้พบกันครับ
03	나는 _____입니다.	ดิฉัน...ค่ะ	ผม...ครับ
04	나는 한국인입니다.	ดิฉัน เป็นคนเกาหลีค่ะ	ผม เป็นคนเกาหลีครับ
05	이곳에 여행 왔어요.	มาท่องเที่ยว ที่นี่ค่ะ	มาท่องเที่ยว ที่นี่ครับ
06	다음에 또 만나요.	คราวหน้า พบกันใหม่ค่ะ	คราวหน้า พบกันใหม่ครับ
07	실례합니다.	ขออภัยค่ะ	ขออภัยครับ
08	부탁합니다.	ขอร้องค่ะ	ขอร้องครับ
09	고맙습니다.	ขอบคุณค่ะ	ขอบคุณครับ
10	천만에요.	ด้วยความยินดีค่ะ	ด้วยความยินดีครับ
11	미안합니다.	ขอโทษค่ะ	ขอโทษครับ
12	괜찮습니다.	ไม่เป็นไรค่ะ	ไม่เป็นไรครับ
13	네. / 아니요.	ใช่ค่ะ/ไม่ใช่ค่ะ	ใช่ครับ/ไม่ใช่ครับ
14	좋습니다. / 싫어요.	ชอบค่ะ/ไม่ชอบคะ	ชอบครับ/ไม่ชอบครับ

15	얼마인가요?	ราคาเท่าไหร่ค่ะ	ราคาเท่าไหร่ครับ
16	추천해주세요.	กรุณาแนะนำค่ะ	กรุณาแนะนำครับ
17	이거 주세요. 두개 주세요. (숫자) 1,2,3,4,5,6,7,8,9,10	ขออันนี้ค่ะ(ครับ)ขออันนี้สองอันค่ะ(ครับ) (ตัวเลข) หนึ่ง,สอง,สาม,สี่,ห้า,หก,เจ็ด,แปด,เก้า,สิบ	
18	다른 색상 있나요? (색상) 흰색, 검정색, 빨간색, 노란색, 파란색, 초록색, 핑크색, 보라색	♀ มีสีอื่นไหมคะ? (สี)สีดำ,สีแดง,สีน้ำเงิน,สีเขียว,สีชมพู,สีม่วง ♂ มีสีอื่นไหมครับ? (สี)สีดำ,สีแดง,สีน้ำเงิน,สีเขียว,สีชมพู,สีม่วง	
19	너무 비싸요.	แพงมากค่ะ	แพงมากครับ
20	좀 깎아주세요.	ช่วยลดราคาให้หน่อยค่ะ	ช่วยลดราคาให้หน่อยครับ
21	도와주세요.	ช่วยด้วยค่ะ	ช่วยด้วยครับ
22	배고파요.	หิวค่ะ	หิวครับ
23	배불러요.	อิ่มค่ะ	อิ่มครับ
24	추워요.	หนาวค่ะ	หนาวครับ
25	더워요.	ร้อนค่ะ	ร้อนครับ
26	정말 맛있어요.	อร่อยจริงๆค่ะ	อร่อยจริงๆครับ
27	화장실이 어디예요?	ห้องน้ำอยู่ที่ไหนค่ะ	ห้องน้ำอยู่ที่ไหนครับ
28	택시를 부르고 싶어요.	อยากเรียกแท็กซี่ค่ะ	อยากเรียกแท็กซี่ครับ
29	이 근처에 환전소가 있나요?	ในซอยนี้ มีที่แลกเงิน ไหมค่ะ	ในซอยนี้ มีที่แลกเงินไหม ครับ
30	사진을 찍어줄 수 있나요?	ช่วยถ่ายรูปให้ได้ไหมค่ะ	ช่วยถ่ายรูปให้ได้ไหมครับ

필리핀어

01	안녕하세요.	Kumusta.
02	만나서 반갑습니다.	Ikinagagalak kong makilala ka.
03	나는 _____입니다.	Ako (po) si _____ .
04	나는 한국인입니다.	Ako ay Koreano.
05	이곳에 여행 왔어요.	Nagpunta ako dito para mamasyal.
06	다음에 또 만나요.	Magkita tayo sa susunod.
07	실례합니다.	Excuse me. (ipagpaumanhin po)
08	부탁합니다.	Paki (please) _____ .
09	고맙습니다.	Salamat (po)
10	천만에요.	Walang anuman
11	미안합니다.	Pasensya na po.
12	괜찮습니다.	Okay lang
13	네. / 아니요.	Oo / hindi
14	좋습니다. / 싫어요.	Mabuti(ok) / Ayoko
15	얼마인가요?	Magkano ito?

16	추천해주세요.	Magrecomenda (po) kayo.
17	이거 주세요. 두 개 주세요. (숫자) 1, 2, 3, 4, 5, 6, 7, 8, 9,10	Bigyan mo ako nito. Bigyan mo ako ng dalawa (Numero) isa, dalawa, tatlo, apat, 　lima, anim, pito, walo, siyam, sampu.
18	다른 색상 있나요? (색상) 흰색, 검정색, 빨간색, 　노란색, 파란색, 초록색, 　핑크색, 보라색	Mayroon bang ibang mga kulay? (kulay) puti, itim, pula, dilaw, asul, 　berde, rosas, lila
19	너무 비싸요.	Ang mahal naman.
20	좀 깎아주세요.	Pede po makatawad.
21	도와주세요.	Tulong po
22	배고파요.	Nagugutom ako.
23	배불러요.	Busog na ako.
24	추워요.	Malamig
25	더워요.	Mainit
26	정말 맛있어요.	Ang sarap talaga.
27	화장실이 어디예요?	Nasaan ang banyo?
28	택시를 부르고 싶어요.	Gusto kong tumawag ng taxi.
29	이 근처에 환전소가 있나요?	Mayroon bang money changer malapit dito?
30	사진을 찍어줄 수 있나요?	Maari ba kayong kumuha ng litrato?

러시아 다시 보기

- 위치 : 대서양 연안의 북부 아시아
- 수도 : 모스크바
- 공용어 : 러시아어
- 종교 : 러시아정교(75%), 이슬람교(6%)
- 정치·의회형태 : 공화국연방, 대통령제, 양원제

세계에서 가장 큰 나라 '러시아'

러시아의 정식 명칭은 러시아 연방(Russian Federation)인데요. 수도인 모스크바와 상트 페테르부르크의 특별시 2개 등 총 89개의 연방 주체로 구성되어 있습니다. 우랄 산맥을 기준으로 동쪽은 아시아, 서쪽은 유럽과 맞닿아 있고 남동쪽은 험준한 산악 지대, 북서쪽은 광활한 평지로 이루어져 있습니다.

총면적 1,709만km2로 세계에서 가장 큰 국토를 가진 나라이며, 지구 육지 면적의 7분의 1을 차지하는데요. 국토가 넓어서 러시아 안에서도 시차가 11시간까지 나며, 10개 이상의 국가와 국경을 접하고 있답니다.

나의 여행 계획표

RUSSIA

여행 일정 : ....

같이 갈 사람 : ....

여행 준비물 : ....

가고 싶은 장소를 적고,
그림이나 글로 장소를
표현해 보세요!

27

베트남 다시 보기

- 위치 : 동남아시아, 인도차이나 반도 동부
- 수도 : 하노이
- 언어 : 베트남어
- 종교 : 불교(12%), 카톨릭(7%), 기타
- 정치·의회 형태 : 사회주의공화제, 단원제

베트남의 정식명칭은
베트남 사회주의공화국이며
동남아시아의 인도차이나 반도
동부에 위치해있습니다.
중국과 라오스, 캄보디아와
국경을 접하고 있는 나라로
세계 최대의 인구과밀 국가 중 한 곳입니다.
홍강과 메콩강 삼각주의 비옥한 땅을 중심으로
쌀농사가 발달하였는데,
따뜻한 기후 덕분에 1년에 두 번에서
세 번까지 쌀을 수확할 수 있습니다.
이에 쌀로 만든 음식이 발달하였고,
특히 쌀국수는 전 세계에
베트남 대표음식으로
널리 알려져 있습니다.

나의
여행 계획표

여행 일정 :

같이 갈 사람 :

여행 준비물 :

가고 싶은 장소를 적고,
그림이나 글로 장소를
표현해 보세요!

"Global Citizenship" 아리의 여행노트

🇯🇵 일본 다시 보기

- 위치 : 동아시아
- 수도 : 도쿄
- 언어 : 일본어
- 종교 : 신도, 불교, 기독교
- 정치·의회형태 : 입헌국주제

일본은 아시아 대륙 동쪽에 홋카이도[北海道], 혼슈[本州], 시코쿠[四國], 규슈[九州] 등 4개의 큰 섬을 중심으로 북동에서 남서 방향으로 이어지는 일본열도를 차지한 섬나라입니다.

섬나라이기에 수산국일 것 같지만 동시에 농업국이기도 합니다. 기름진 땅과 따뜻한 기후 덕분에 풍성한 농작물을 수확하고 있다는데요. 일본 역사의 모든 시대를 통하여, 쌀은 일본인의 식생활에 없어서는 안되는 주식이 되었습니다. 이른 아침부터 고된 일들을 끝낸 농민들은 손수 키우고 있는 농작물이 자라는 모습을 바라보면서 김으로 싼 주먹밥 정식을 즐겨 왔습니다.

나의
여행 계획표

여행 일정 : ....

같이 갈 사람 : ....

여행 준비물 : ....

가고 싶은 장소를 적고,
그림이나 글로 장소를
표현해 보세요!

중국 다시 보기

- 위치: 아시아 동부
- 수도: 베이징
- 언어: 중국어
- 종교: 불교, 도교, 천주교, 이슬람교, 기독교
- 정치, 의회 형태: 인민공화국(입헌공화제), 인민대표대회제도(일원제)

중국의 정식명칭은 중화인민공화국(中華人民共和國, The People's Republic of China)으로 유라시아 대륙의 동남부에 위치하며 세계 최대의 인구와 광대한 국토를 가진 나라입니다. 국토는 남북 5500㎞, 동서로 우수리강(江)과 헤이룽강의 합류점에서부터 파미르 고원까지 5200㎞에 달하고 면적은 러시아·캐나다·미국에 이어 세계 제4위이며, 중국의 황하문명은 세계 4대 문명 중 하나입니다. '중국' 또는 '중화'라는 나라 이름의 중(中)은 중심, 화(華)는 문화라는 뜻으로 세계의 중심 또는 문화의 중심이라는 뜻입니다.

수도는 베이징[北京, Beijing]으로 중국 정치·경제·사회·문화의 중심지이고 중국어를 공용어로 사용하고 있으며 화폐 단위는 위안(元)입니다. 중국 인구는 대부분 한족(漢族)이고, 몽골[蒙古]·회(回)·장(藏)·묘(苗)·조선족(朝鮮族) 등 55개의 소수민족으로 구성되어 있고 이들 소수민족은 전체 인구의 약 7%에 불과하지만 이들이 분포되어 있는 지역의 면적은 전체 면적의 약 50~60%로 대부분 변경지역입니다.

나의
여행 계획표

여행 일정 : ....

같이 갈 사람 : ....

여행 준비물 : ....

가고 싶은 장소를 적고, 그림이나 글로 장소를 표현해 보세요!

"Global Citizenship" 아리의 여행노트
🏳 태국 다시 보기

North

North-East

Central

West

East

South

- 위치 : 동남아시아 인도차이나반도 중앙
- 수도 : 방콕
- 언어 : 타이어
- 종교 : 불교(94.6%), 이슬람교, 기타
- 정치·의회 형태 : 국왕, 입헌군주제, 양원제

태국의 정식 명칭은 '타이왕국'입니다.
모든 예술 분야에서
왕국의 이미지가 물씬 풍기는데요.
건축양식은 보통 목재로 지은
불교 사원에서 찾아볼 수 있으며,
종교적인 색채가 압도적인 미술은
인도와 스리랑카에서 전해진 전통에 바탕을 둔 것으로 보입니다.
문학가는 역사적으로 왕들에 의해 육성되었으며, 왕들 자신이 뛰어난 문학작품을 쓰기도
했습니다. 가장 초기의 문학인 수코타이 시대(13~14세기 중엽)의 작품은 주로 명각으로 남아
있으며, 당시의 생활상을 생생하게 설명해주고 있습니다.

나의
여행 계획표

THAILAND

여행 일정 : ....

같이 갈 사람 : ....

여행 준비물 : ....

가고 싶은 장소를 적고,
그림이나 글로 장소를
표현해 보세요!

필리핀 다시 보기

- 위치 : 동남아시아, 베트남의 동쪽
- 수도 : 마닐라
- 언어 : 필리핀어, 영어
- 종교 : 가톨릭교, 이슬람교, 성공회
- 정치·의회 형태 : 대통령제(6년 단임), 상하 양원제

필리핀은 적도의 약간 북쪽, 아시아 대륙 남동쪽의 서태평양에 산재하는 7,000여 개의 섬들로 구성된 국가입니다. 1565년 에스파냐로부터 정복당했고, 1898년 독립을 선언하였으나 에스파냐-미국 전쟁으로 다시 미국의 지배를 받게 되었습니다. 그 후로도 1943년 일본 점령을 거쳐 1945년 미국군이 탈환한 후 독립하였습니다. 그 영향으로 따갈로그어 등 필리핀 전통 언어가 있지만 국민 대부분이 영어를 사용하고 있습니다.

고온 다습한 아열대성 기후를 나타내며, 1년 내내 기온이 높은 마닐라의 연평균 기온은 27℃입니다. 계절은 건기와 우기로 나누어지는데, 1년 중 12월부터 4월까지는 건기, 5월부터 11월까지는 우기로 분류되며 7월부터 10월까지는 태풍이 발생하는 시기입니다.

나의 여행 계획표

여행 일정 : ....

같이 갈 사람 : ....

여행 준비물 : ....

가고 싶은 장소를 적고, 그림이나 글로 장소를 표현해 보세요!

아리의 여행노트
한국여행

전 세계에서 온 아리들에게 추천하고 싶은 한국의 명소가 있나요?

추천하고 싶은 음식이 있나요?

추천하고 싶은 체험이 있나요?

"Global Citizenship"
아리의
여행노트

03700

ISBN 979-11-6620-119-6
값 6,000원